BEI GRIN MACHT SICH IHR
WISSEN BEZAHLT

- Wir veröffentlichen Ihre Hausarbeit,
  Bachelor- und Masterarbeit

- Ihr eigenes eBook und Buch -
  weltweit in allen wichtigen Shops

- Verdienen Sie an jedem Verkauf

Jetzt bei www.GRIN.com hochladen
und kostenlos publizieren

Madleen Wendt

Interpretation der Parabel "Eine kaiserliche Botschaft" von Franz Kafka

GRIN Verlag

Bibliografische Information der Deutschen Nationalbibliothek:

Die Deutsche Bibliothek verzeichnet diese Publikation in der Deutschen National-
bibliografie; detaillierte bibliografische Daten sind im Internet über http://dnb.d-
nb.de/ abrufbar.

Impressum:

Copyright © 2011 GRIN Verlag GmbH
Druck und Bindung: Books on Demand GmbH, Norderstedt Germany
ISBN: 978-3-656-60523-2

Dieses Buch bei GRIN:

http://www.grin.com/de/e-book/269410/interpretation-der-parabel-eine-kaiserliche-
botschaft-von-franz-kafka

GRIN - Your knowledge has value

Der GRIN Verlag publiziert seit 1998 wissenschaftliche Arbeiten von Studenten, Hochschullehrern und anderen Akademikern als eBook und gedrucktes Buch. Die Verlagswebsite www.grin.com ist die ideale Plattform zur Veröffentlichung von Hausarbeiten, Abschlussarbeiten, wissenschaftlichen Aufsätzen, Dissertationen und Fachbüchern.

Besuchen Sie uns im Internet:

http://www.grin.com/

http://www.facebook.com/grincom

http://www.twitter.com/grin_com

Interpretation der Parabel „Eine kaiserliche Botschaft" von Franz Kafka

Die Parabel „Eine kaiserliche Botschaft" von Franz Kafka, entstanden 1917, handelt von einer Person, die sich erträumt, dass ihr der Kaiser eine Botschaft sendet, die allerdings nie ankommt.

Zu unterteilen ist die Erzählung in fünf Sinnabschnitte: Der erste verdeutlicht den Gegensatz zwischen dem sterbenden Kaiser und dem voraussichtlichen Empfänger der geheimen Botschaft. Der nächste Abschnitt handelt von der Wichtigkeit der Botschaft und im dritten Teil wird die Nachricht vom Boten überbracht. Im vierten Sinnabschnitt findet sich der Wendepunkt, da sich dem Boten Hindernisse in den Weg stellen, wodurch die Nachricht nie ankommt. Der letzte Teil der Erzählung handelt sodann von dem Untertanen, der auf die Botschaft wartet, sich aber alles nur erträumt.

Erzähltechnisch fällt auf, dass die Parabel von einer auktorialen Sicht erzählt wird. Der Erzähler ist allwissend und kann vom Standpunkt des Boten zum Aufenthaltsort des Untertanen wechseln. Jedoch wird dieser mit „Du" angeredet.

In der sprachlichen Betrachtung fällt auf, dass Kafkas Erzählung durchzogen ist von vielen rhetorischen Figuren. Schon im ersten Teil werden viele sprachliche Ausschmückungen verwendet, um den Gegensatz zwischen dem Kaiser und seinem Untertanen zu verdeutlichen. Zum Beispiel lassen sich Pleonasmen erkennen: „in die fernste Ferne". Diese Figur ist beispielsweise zugleich auch Alliteration, was die Häufung von rhetorischen Mitteln zeigt. Auch finden sich Korrekturen von zu schwachen Ausdrücken, genannt Correctio: „dem Einzelnen, dem jämmerlichen Untertanen". Auch zwei Allegorien, die für abstrakte Begriffe stehen und einander gegenübergestellt werden, betonen ebenfalls den Kontrast zwischen dem Versender der Botschaft und dem Adressaten: die „kaiserliche Sonne", die für den Kaiser steht und der „in die fernste Ferne geflüchtete Schatten", was den Untertan darstellt. Da sich Sonne und Schatten ausschließen verdeutlicht dies, dass der Kaiser für den Untertan unerreichbar ist. Es wird also bereits hier angedeutet, dass das Überbringen der Nachricht zum Scheitern verurteilt ist.
Des Weiteren fallen Repetitionen auf: „Der Kaiser […] hat dir, dem […], gerade dir hat der Kaiser […]", die das Außergewöhnliche der Tatsache betont, dass der Kaiser gerade einem unwichtigen Bürger eine Botschaft sendet.
Ebenfalls um die Wichtigkeit der Nachricht im zweiten Abbschnitt zu verdeutlichen, wird eine Repetition angewandt: „[…] ihm die Botschaft ins Ohr geflüstert […] noch ins Ohr sagen ließ […]".
Auffällig ist auch der Einschub in Zeile 1: „Der Kaiser – so heißt es – hat dir […]", was den Zweifel an der Richtigkeit der Aussage, das heißt Zweifel an der Existenz der Botschaft, ausdrückt und diese somit schon zu Beginn einschränkt. Auch noch weitere Parinthesen fallen im Verlauf der Erzählung auf.
Es lässt sich ferner feststellen, dass zur näheren Beschreibung von Personen bzw. Handlungen viele Adjektive verwendet werden: „dem jämmerlichen Untertan"; „ein kräftiger, ein unermüdlicher Mann"; „das herrliche Schlagen".

Im vierten Sinnabschnitt ist zu beobachten, dass die Konjunktion „aber" sehr häufig Verwendung findet. So zum Beispiel hier: „Aber die Menge ist so groß [...]". Dieses „aber" vermittelt noch zusätzlich das Einschränken der Möglichkeit, die Nachricht zu überbringen. Bei der Betrachtung des Modus der Verben fällt zudem auf, dass gehäuft der Konjunktiv utilisiert wird: „wie würde er [...] bald wohl hörtest du [...] und gelänge ihm [...] müsste er sich kämpfen [...] die Höfer wären [...] und stürzte er [...]". Diese geballte Anwendung des Konjunktivs betont ebenfalls die Unmöglichkeit des Gelingens des Vorhabens des Boten. Doch findet der Konjunktiv in der Sprache auch gerade dann Anwendung, wenn Wünsche, Vorstellungen und Phantasien ausgedrückt werden sollen – hier wird schon angedeutet, dass sich der Adressat der Botschaft selbige nur erträumt.

Außerdem verstärken auch in diesem Teil der Erzählung Repetitionen den gleichen Sachverhalt: So werden die Sätze „Und gelänge ihm dies, nichts wäre gewonnen" und „aber niemals, niemals kann es geschehen" (letzterer Satz enthält im wiederholten Satz sogar eine Repetition des Wortes „niemals" – eine weitere Verstärkung der Unmöglichkeit). Satzbautechnisch zeigt sich, dass fast ausschließlich Aufzählungen und Aneinanderreihen von Hauptsätzen verwendet werden: „immer noch zwängt er sich [...], niemals wird er [...], und [...]". Dies und die häufige Konjunktion „und" verdeutlichen die Unendlichkeit des Raumes, die der Bote überwinden muss: immer wieder ein neues Hindernis, unendlich aneinandergereihte Wegabschnitte, kein Ankommen in Sicht.

Des Weiteren fällt auf, dass der Adressat der die Botschaft erwartet zu Anfang des Textes mit „dir" – also in der zweiten Person Singular – angesprochen wird. Er ist also Objekt des Satzes, was die Unwichtigkeit des Untertanen zeigt und gleichzeitig, dass die Botschaft das zentrale Subjekt der Parabel ist und der Untertan nur das Objekt, das nur warten kann. Im letzten Abschnitt wechselt diese festgelegte Beziehung zwischen Subjekt und Objekt, der Angesprochene wird nun das Subjekt: „Du aber sitzt an deinem Fenster".

Abschließend zur sprachlichen Analyse ist festzuhalten, dass Kafkas Erzählung mit vielen rhetorischen Figuren und bildhaften Ausdrücken gespickt ist, die alle ihre Funktion der zusätzlichen Betonung und Verdeutlichung des Inhalts, bzw. auch der Vorausdeutung der Wende haben. Auch der Satzbau und der Modus der Verben sind zur Verstärkung des Inhalts eingesetzt.

Im Folgenden ist die Gattungseinordnung vorzunehmen. Die Parabel hat meist einen Bildbereich und einen Sachbereich, jedoch ohne direkt auf das dargestellte Bild oder Gleichnis zu verweisen. Sie veranschaulicht einen abstrakten Gedanken oder eine allgemeine Wahrheit.

Im Gegensatz zu dieser Gattung steht die der Kurzgeschichte, die sich auf einen alltäglichen Geschehensausschnitt konzentriert, welcher meist eine entscheidende Situation im menschlichen Alltagsleben darstellt, die eine Wende für die betroffene Person bringt. Strukturell verfügt die Kurzgeschichte über einen unvermittelten Einstieg, einen Wendepunkt und ein offenes Ende.

Um zu entschieden, ob es sich bei der „Kaiserlichen Botschaft" um eine Parabel oder eine Kurzgeschichte handelt, fangen wir bei der Struktur an: Der Leser wird unvermittelt in das Geschehen eingeblendet: „Der Kaiser – so heißt es – hat dir [...]". Ohne nähere Hintergrundinformationen zu vermitteln, wird sofort von der Botschaft erzählt.

Auch verfügt die Erzählung über einen Wendepunkt, nämlich zu Beginn des vierten Absatzes, wo der Bote plötzlich auf Hindernisse trifft(„aber die Menge ist groß […]"), obwohl seine Voraussetzung, die Botschaft zu überbringen, die Besten waren.
Von den Strukturmerkmalen, die für eine Kurzgeschichte sprechen, abgesehen, deutet zum Beispiel die sprachliche Gestaltung nicht auf eine solche hin. Die vorliegende Erzählung ist nicht in dem kurzen, knappen, alltagssprachlichen Stil der Kurzgeschichte verfasst. Die bildhafte, von rhetorischen Figuren gespickte Sprache spricht also gegen eine solche Gattung. Auch das Thema ist nicht typisch für eine Kurzgeschichte: Es wird keine Alltagssituation beschrieben, sondern ein für Parabeln typischer ungewöhnlicher Vorgang.
Weitere Merkmale der Parabel lassen sich ebenfalls in Kafkas Erzählung finden. So kann man zum Beispiel einen Sachbereich festzustellen, der den bloßen Inhalt darstellt, nämlich, dass der sterbende Kaiser einem unwichtigen Untertan eine Botschaft sendet, deren Bote jedoch nicht zum Adressaten durchkommt. Um dies auf die Bildebene zu projizieren sind die zwei Allegorien „Sonne" und „Schatten" zu betrachten, mit denen der Kaiser und der Untertan verglichen werden. Sonne und Schatten schließen sich prinzipiell aus, da wo Sonnenschein hinfällt, kann kein Schatten sein. Jedoch kann es keinen Schatten ohne die Sonne geben, die Sonne jedoch ist nicht abhängig vom Schatten. Dieses Bild lässt sich auf den Kaiser und den Adressaten der Botschaft übertragen. Der „kleine" Bürger kann den Kaiser nicht erreichen (deswegen erträumt er sich ja seine Wichtigkeit vor dem Kaiser, in dem er sich vorstellt, der Kaiser sende ihm eine letzte Botschaft), ist aber abhängig von ihm. Die Botschaft, die beide verbinden würde, ist nur vom Untertan erträumt und existiert nicht.
Daraus lässt sich schließen, dass Kafka mit seiner Erzählung sagen wollte, dass wir als kleine Bürger von der regierenden Macht abhängig sein, für uns sind die Mächtigen von großer Wichtigkeit, für diese jedoch ist der Einzelne ohne Bedeutung. Die Verbindung von Bürger und Kaiser bzw. Bürger und der allgemeinen regierenden Macht, ist nur ein Traum, der sich nie verwirklicht.
Insofern wollte Kafka wahrscheinlich einen Tadel an der Macht oder, wenn man es eine Stufe nach oben überträgt, an Gott ausdrücken. Denn wie kann es sein, dass man von jemandem abhängig ist (von Regenten, Gott oder dem Schicksal) aber im Gegenzug denjenigen nicht erreichen kann? Dies ist die zentrale Frage, das heißt der abstrakte Gedanke der Erzählung.

Damit verfügt die „Kaiserliche Botschaft" von Franz Kafka über eine Bild- und Sachebene und veranschaulicht außerdem einen abstrakten Gedanken. Aus diesem Grund ist die Erzählung in die Gattung der Parabel einzuordnen.